108 citations

d'Amma

sur la foi

108 citations d'Amma sur la foi

Publié par :
    M.A. Center
    P.O. Box 613
    San Ramon, CA 94583
    États-Unis

---------- 108 Quotes on Faith (French) ----------

Copyright © Mata Amritanandamayi Mission Trust,
Amritapuri, Inde.
Tous droits réservés. Aucune partie de cette publication ne peut être enregistrée dans une banque de données, transmise ou reproduite de quelque manière que ce soit sans l'accord préalable et la permission expressément écrite de l'auteur.

En France :
    www.ammafrance.org

En Inde:
    inform@amritapuri.org
    www.amritapuri.org

1

La Puissance universelle demeure à l'intérieur de vous, mais cette connaissance n'est peut-être pas encore ancrée en vous. Cette Vérité suprême ne peut être atteinte que par la foi et la méditation.

2

La spiritualité n'a rien à voir avec la foi aveugle ; elle est la conscience du Divin, la conscience qui dissipe les ténèbres. De nombreux Maîtres spirituels se sont lancés dans une recherche approfondie, plus complète encore que celle de certains scientifiques contemporains. Tandis que la science climatise le monde extérieur, la spiritualité climatise le monde intérieur.

3

Nous oublions très souvent qu'une foi solide et un amour innocent accèdent facilement à des plans de réalité inconnaissables à l'intellect et à la logique. Le pouvoir de l'innocence a joué un rôle décisif dans les découvertes révolutionnaires de nombreux scientifiques célèbres. Avez-vous remarqué comme un enfant regarde tout avec émerveillement ? Un véritable scientifique s'émerveille lui aussi devant le monde. C'est ce qui l'aide à explorer les mystères les plus profonds de l'univers.

4

La foi est le fondement de tout. Ce sont la foi et la dévotion des fidèles, et non pas les rituels ni les cérémonies, qui remplissent les temples d'énergie spirituelle. Si vous avez vraiment la foi, n'importe quelle eau devient aussi bénie que celle du Gange, mais sans la foi, même l'eau du Gange n'est plus que de l'eau ordinaire.

5

Souvent, nous essayons de mesurer et d'évaluer la vie uniquement au moyen du raisonnement et de la logique, mais ce n'est pas ainsi que nous pouvons atteindre les profondeurs de la connaissance et de l'expérience. Apprenons à aborder les expériences de la vie avec amour et foi. La vie nous révèlera alors tous ses mystères.

6

Ayez foi en la théorie du karma (loi de l'action et de la réaction), et vous verrez partout la main invisible de Dieu. Le pouvoir caché de Dieu est la cause de tout ce qui est manifesté.

7

La Terre, les plantes, les arbres, les rivières et les montagnes existent, c'est un fait. Pour le savoir, il n'y a pas besoin de la foi. C'est là où la pensée rationnelle échoue que la foi devient indispensable. Comme Dieu est invisible, seule la foi nous permet de croire à Son existence.

8

Vous croyez bien les savants quand ils parlent de faits que vous ignorez ; ayez donc foi dans les paroles des Maîtres qui parlent de la Vérité dans laquelle ils sont établis.

9

Les Écritures et les grands Maîtres nous rappellent que le Soi, ou Dieu, est notre véritable nature. Dieu n'est pas loin de nous. Il est notre être réel mais pour assimiler cette vérité, la foi est indispensable.

10

Dieu n'est pas limité au périmètre d'un temple ou à un lieu particulier. Le Divin est omniprésent, omnipotent et peut prendre n'importe quelle forme. Essayez de voir votre déité bien-aimée en tout.

11

Dieu n'est pas un individu limité assis seul dans les nuages, sur un trône doré. Dieu est la pure Conscience qui demeure en toute chose. Comprenez cette vérité, apprenez à accepter et à aimer tous les êtres de manière égale.

12

Le fondement de la spiritualité n'est pas la foi aveugle. C'est la recherche sincère ; c'est une exploration assidue de son propre Soi. La foi en un pouvoir qui nous dépasse nous aide à contrôler le mental et les pensées. Bien que les progrès puissent s'avérer lents et graduels, continuez à faire des efforts et à faire preuve de patience, de foi et d'enthousiasme.

13

Le doute est le résultat d'un apprentissage alors que la foi est innée. Le doute est votre ennemi numéro un. La foi est votre meilleure amie. Puisez-la en vous et apprenez à croire. Vous constaterez que les résultats seront favorables.

14

La beauté se trouve dans la foi, et la foi réside dans le cœur. L'intellect, le raisonnement sont nécessaires, mais ne les laissons pas anéantir notre foi. Ne permettons pas à l'intellect de dévorer notre cœur.

15

Ce qu'il nous faut, c'est la foi en une Puissance suprême qui gouverne l'univers, qui transcende le mental et les sens et qui fait même fonctionner l'intellect. Cherchons la source de cette Puissance qui demeure en nous. La foi en ce Pouvoir cosmique, alliée à la méditation pour le connaître, nous aidera à faire l'expérience du Soi, de l'unité, de la paix et de la sérénité.

16

Si vous voulez en finir avec la souffrance, priez pour être libéré de tous les désirs. Priez aussi pour que votre foi et votre amour de Dieu grandissent. Si vous y parvenez, alors le Divin comblera tous vos besoins.

17

Dieu est toujours avec vous et apparaîtra à coup sûr si vous L'appelez de tout votre être. Ceux qui pensent sincèrement « Il n'y a personne d'autre qui puisse me sauver, Toi seul est mon refuge. », verront tous leurs besoins satisfaits directement par le Divin.

18

« L'existence de Dieu n'est qu'une croyance, » affirment certains. Mais en vérité, le Divin est dans le cœur de chacun d'entre nous. Dieu n'a pas d'autres mains, jambes, yeux ou corps que les nôtres. La Puissance cosmique en chacun de nous est Dieu.

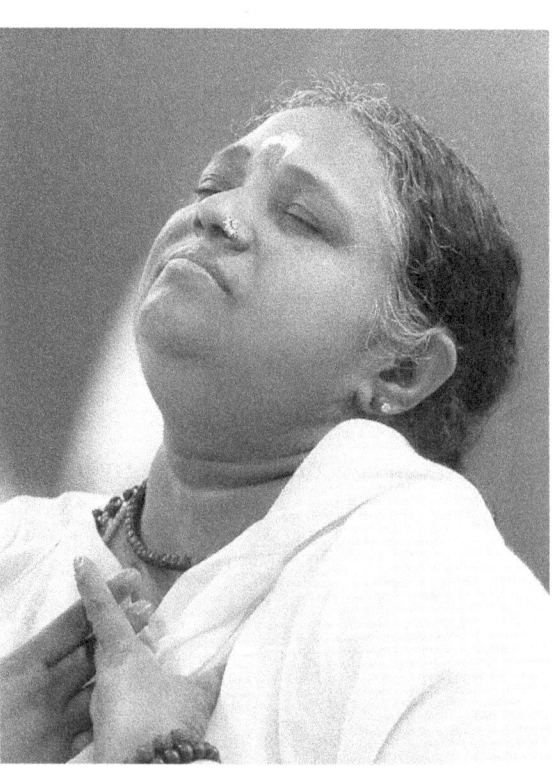

19

Peu importe que vous soyez croyant, athée ou agnostique. Vous pouvez être athée et néanmoins mener une vie heureuse et réussie, tant que vous avez foi en votre Soi et que vous servez la société.

20

La vraie foi est la foi en son propre Soi. Même si nous croyons en un Dieu extérieur, en réalité, ce Dieu se trouve à l'intérieur de nous ; c'est notre véritable Soi.

21

Aie foi en ton propre Soi. Essaie de comprendre qui tu es, ton véritable Soi. C'est suffisant. Si tu n'as pas foi en ton propre Soi, il est difficile d'avancer, même si tu crois en Dieu.

22

La foi et la confiance en le Soi sont interdépendantes. La foi en Dieu sert à renforcer la foi en votre propre Soi ; il s'agit de la véritable confiance en Soi. Sans cela, il est impossible de réussir sa vie.

23

Souvenez-vous toujours que le crépuscule porte déjà l'aube en son sein. L'obscurité ne peut subsister bien longtemps. Le moment venu, l'aube se lève et illumine tout. L'optimisme est la lumière de Dieu. C'est une forme de grâce qui permet d'envisager la vie avec une plus grande clarté.

24

Le soleil n'a pas besoin de la lumière d'une bougie. Dieu n'attend rien de nous. Nous sommes censés utiliser la lumière divine pour dissiper l'obscurité dans le monde ; tel est le principe divin.

25

La confiance en notre Soi nous donne l'équilibre, le courage et la maîtrise du mental. Elle nous permet d'affronter courageusement les épreuves. Certains problèmes sont inévitables et incontournables. Avoir foi en vous-même vous permettra de leur faire face et de les surmonter.

26

Les femmes ne devraient jamais croire qu'elles sont inférieures aux hommes. Tout homme a été mis au monde par une femme. Soyez fières de cette bénédiction unique et allez de l'avant en ayant foi en votre pouvoir immanent.

27

Nous ne sommes pas des bougies qui ont besoin que quelqu'un les allume. Nous sommes le soleil, qui est sa propre source de lumière. Nous sommes les incarnations de la Conscience suprême ; il s'agit d'en prendre conscience. Nous sommes l'Amour.

28

Quand les gens perdent la foi en Dieu, il n'y a plus ni harmonie ni paix dans la société. Ils agissent et vivent à leur guise. Sans la foi, la moralité et l'éthique disparaîtraient de la Terre, et les humains seraient tentés de vivre comme des animaux. L'absence de foi, d'amour, de patience et de pardon transformerait la vie en enfer.

29

Nous avons la capacité de devenir ce que nous choisissons d'être. Nous pouvons choisir d'être une âme vertueuse, qui ne souhaite à autrui que le bien, en pensée et en action, ou bien choisir d'être l'incarnation du mal. La liberté de choix est la bénédiction primordiale que Dieu a accordée aux êtres humains, mais pour en faire pleinement l'expérience, il faut avoir l'innocence et la foi d'un enfant.

30

Quelle que soit notre religion, du moment que nous comprenons les principes de la spiritualité, nous avons la possibilité d'atteindre le but ultime : la réalisation de notre nature véritable.

31

Il est très important de respecter les sentiments et la foi des gens de toutes religions. La foi en l'immense pouvoir du Soi engendrera une réelle unité entre les peuples ainsi qu'entre l'humanité et la nature.

32

Le véritable sens de la religion, c'est d'avoir foi dans l'existence d'un Pouvoir suprême et de vivre selon les valeurs de la spiritualité.

33

Il n'y a pas plus de différence entre le Créateur et la création qu'entre l'océan et ses vagues. C'est la même Conscience qui demeure en tout. Insufflons à nos enfants la foi et l'amour de l'ensemble de la création. C'est possible grâce à une éducation spirituelle appropriée.

34

La pluralité des religions et des confessions n'est pas un problème en soi. Ce qui est néfaste, c'est l'idée qu'elles sont différentes et qu'une religion est supérieure à l'autre. Mes enfants, ne regardez pas les différences, voyez ce qui les unit et les idéaux sublimes qu'elles enseignent toutes.

35

L'amour et la compassion sont les principes sous-jacents de toutes les religions authentiques. Ces qualités divines sont l'essence de toutes les confessions.

36

L'amour et la foi sont les piliers de la vie. Pour vivre heureux et en paix, le seul moyen est de servir autrui avec amour et foi, sans rien attendre.

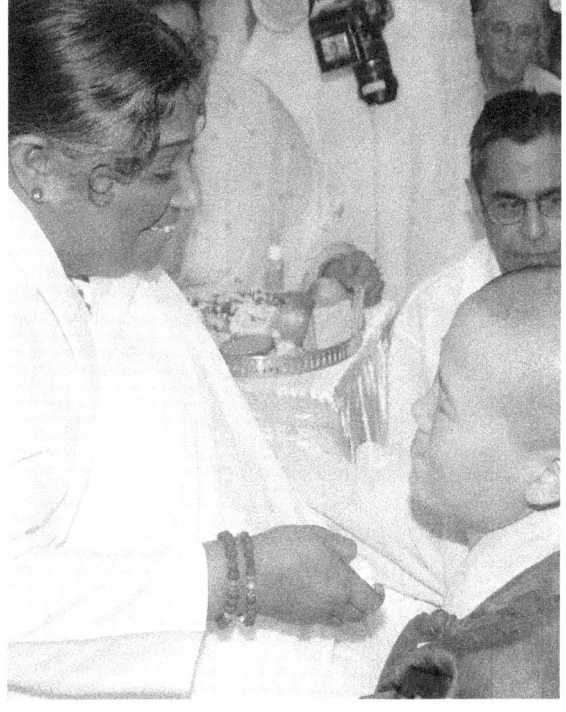

37

Quand on construit un bâtiment, on utilise des tiges en acier pour renforcer le béton. Sans elles, les murs s'effondreraient. La foi en Dieu est comparable à ces tiges. Notre esprit naturellement faible s'en trouve renforcé. Celui qui a la foi ne pleure pas pour des choses illusoires et elles ne lui font pas perdre la tête.

38

L'intellect est comme une paire de ciseaux. Il coupe, rejette tout et n'accepte rien. Le cœur, lui, est comme une aiguille. Il joint tout, réunit des éléments apparemment séparés pour en faire un seul objet. Si nous plongeons assez profondément en nous-mêmes, nous découvrirons le fil unique de l'amour universel qui lie tous les êtres. Dans cet univers, c'est l'amour qui relie tout.

39

Si vous avez vraiment la foi, alors vous tombez dans le cœur. Tomber dans le cœur, c'est en réalité s'élever et prendre son essor vers les sommets.

40

La foi et l'amour ne sont pas séparés mais interdépendants. Comment aimerions-nous quelqu'un en qui nous n'avons pas foi ? Si en revanche nous éprouvons pour un être une foi et un amour sans faille, le simple fait de penser à lui nous comble d'une joie particulière. Mais si nous n'avons pas confiance en lui et le considérons comme un voleur, quelle joie cela peut-il bien nous apporter ? L'amoureux ouvre son cœur à sa bien-aimée parce qu'il a foi en elle. Cette foi est le fondement de l'amour. L'amour jaillit de la foi.

41

La vie entière repose sur la foi. A chaque pas, la foi est nécessaire. Elle crée un flot qui s'écoule sur l'univers entier.

42

L'amour est le remède universel. Là où règnent l'amour, l'attention et la compréhension réciproques, là où chacun a foi en l'autre, les problèmes et les inquiétudes diminuent.

43

Concentrez-vous sur l'amour, la confiance mutuelle et la foi. Si vous avez l'amour et la foi, la vigilance dans toutes vos actions suivra automatiquement.

44

Pour écouter réellement, il faut être vide à l'intérieur. Si vous cultivez l'attitude : « Je suis un débutant, je suis ignorant », alors vous pouvez écouter avec foi et amour.

45

« Dieu est toujours avec moi, » ayons foi en cette vérité. Cette conscience nous donnera l'énergie et l'enthousiasme nécessaires pour surmonter tous les obstacles. Nous ne devrions jamais nous départir de cette attitude optimiste.

46

Mes enfants, certains disent qu'il y a des croyants malheureux. Pourtant les véritables croyants, ceux qui ont vraiment la foi, sont heureux et satisfaits quelle que soit la situation. Le signe d'un dévot authentique, c'est le sourire constant qui exprime son acceptation.

47

Sans la foi, la peur nous envahit. Elle mutile le corps et l'esprit et nous paralyse, tandis que la foi nous ouvre le cœur et nous guide vers l'amour.

48

Quand nous comprenons la nature transitoire du monde et l'impuissance de l'ego, alors la foi dans la spiritualité s'éveille en nous. La lumière de la grâce du Maître spirituel nous aide à repérer et à franchir les obstacles qui se dressent sur notre chemin.

49

Mes enfants, la mort peut surgir à tout instant. Le souvenir de cette vérité renforce notre foi et nous aide à avancer vers Dieu. N'est-ce pas grâce à l'existence de l'obscurité que nous avons conscience de la splendeur de la lumière ?

50

Pourquoi placer votre foi dans le mental ? Il ressemble à un singe qui saute de branche en branche, d'une pensée à une autre. Il continuera d'agir ainsi jusqu'à la fin. Ayez foi en un Maître et vous trouverez à coup sûr la paix.

51

Peu importe à Dieu ou à un saint que l'on croie en Lui. Ils n'ont besoin ni de notre foi ni de nos services. C'est nous qui avons besoin de leur grâce. Seule la foi permet à la grâce de nous atteindre.

52

Le seul dessein du Maître est d'inspirer les disciples, de leur insuffler la foi et l'amour qui leur permettront d'atteindre le But. Créer le feu de l'amour pour Dieu est la tâche primordiale du Maître.

53

Amma ne dit pas qu'il est nécessaire de croire en elle ou en Dieu. Ayez foi en vous-même, cela suffit. Tout est en vous.

54

Une fois que vous avez accepté un mahatma (un saint) comme guide spirituel, cultivez la foi innocente et l'attitude d'abandon d'un enfant. Vous pouvez obtenir tout ce dont vous avez besoin d'un Satguru (un Maitre authentique). Inutile de continuer à chercher.

55

La foi n'est pas un processus intellectuel. Le mental ou l'intellect ne peuvent pas comprendre le Maître. La foi seule en est capable.

56

Il est très important d'obéir au Maître spirituel. Le guru est le Parabrahman (le Soi absolu) omniprésent, incarné dans une forme humaine, votre véritable Soi et l'Essence sous-jacente à la création tout entière. Avoir foi en votre Maître, c'est avoir foi en votre Soi.

57

Mes enfants, toute la spiritualité se résume à un seul mot, et ce mot est shraddha. Shraddha est la foi inconditionnelle que le disciple nourrit envers les paroles du Maître et celles des Ecritures.

58

Celui qui a foi en son guru et lui obéit, s'il possède en outre la connaissance des principes spirituels, verra ses vasanas (tendances innées) rapidement détruites.

59

Innombrables sont les dévots qui ont suivi avec foi les instructions d'Amma, répété un mantra et pratiqué des austérités. C'est ainsi qu'ils ont vu leur souffrance s'apaiser et ont évité les calamités prévues dans leur horoscope.

60

Un malade a beau avoir le meilleur des médecins, s'il n'a pas foi en lui, le traitement pourrait bien rester sans effet. De la même façon, nous devons avoir foi en notre Maître spirituel. C'est cette foi qui nous guérira.

61

Pour guérir, il ne suffit pas d'avoir foi en son médecin, il faut encore prendre les médicaments prescrits. Ainsi, vous ne progresserez pas spirituellement si vous vous contentez de rester assis sans rien faire en répétant : « Ma foi va me sauver ». Pour avancer, les efforts sont tout aussi indispensables que la grâce.

62

Le Maître sera avec vous pour vous indiquer comment sortir de n'importe quelle épreuve ou crise, mais ne restez pas les bras croisés sous prétexte que le Maître vous guide. De votre côté, effort et persévérance sont indispensables.

63

La foi et l'effort sont tous les deux nécessaires. Si vous semez une graine, il se peut qu'elle germe, mais pour qu'elle pousse correctement, elle a besoin d'eau et d'engrais. La foi nous rend conscient de notre véritable nature, mais pour en faire l'expérience directe, il est indispensable de fournir des efforts.

64

Comprenons les limites de nos actions et le rôle de la grâce divine dans notre vie. Mes enfants, ayez foi en cette Puissance suprême et priez pour obtenir la grâce.

65

Quand votre foi sera parfaite, vous verrez que la Conscience suprême est présente en tout. La foi parfaite, c'est la libération. Dans cet état, tous les doutes disparaissent. Le maître vous guidera jusqu'à l'état ultime.

66

Rien ne peut nuire à un croyant authentique. La foi nous donne une force immense. Tous les obstacles rencontrés, qu'ils soient causés par des êtres humains ou par la nature, s'effondreront devant la fermeté et la solidité de notre foi.

67

Dans la vie d'un chercheur sincère, la spiritualité n'est pas un aspect secondaire. Elle est pour ainsi dire son souffle même. Sa foi devient inébranlable.

68

La foi permettra au flot constant de la grâce du satguru de vous atteindre. Amma est plus que ce corps physique. Elle est omniprésente. Le Soi d'Amma et votre Soi ne font qu'un, ayez foi en cela.

69

Lorsque vous avez foi en un Maître spirituel, ne laissez pas quoi que ce soit ébranler cette foi. Elle doit être immuable et constante. La seule manière d'éliminer les impuretés du mental, c'est d'avoir une foi absolue dans le Maître.

70

Rien ne peut détruire la foi des chercheurs sincères. Ils ont en leur Maître une foi inébranlable, ils sont convaincus qu'il est possible de faire l'expérience de Dieu et d'atteindre l'état suprême.

71

Si vous avez la foi, si vous êtes déterminé à considérer toute situation, favorable ou défavorable, comme un message du Divin, alors vous n'avez pas besoin d'un Maître extérieur. Mais la plupart des gens ne possèdent pas cette force, cette détermination.

72

Personne n'a le pouvoir de briser votre foi, soyez-en convaincu. Si quelqu'un s'y efforce, considérez cela comme une épreuve envoyée par Dieu et allez de l'avant avec détermination.

73

Essayer de raviver une foi éteinte, c'est tenter de faire pousser des cheveux sur un crâne chauve. Si l'on perd la foi, il est extrêmement difficile de la retrouver. Avant de vous abandonner à un Maître, observez-le attentivement.

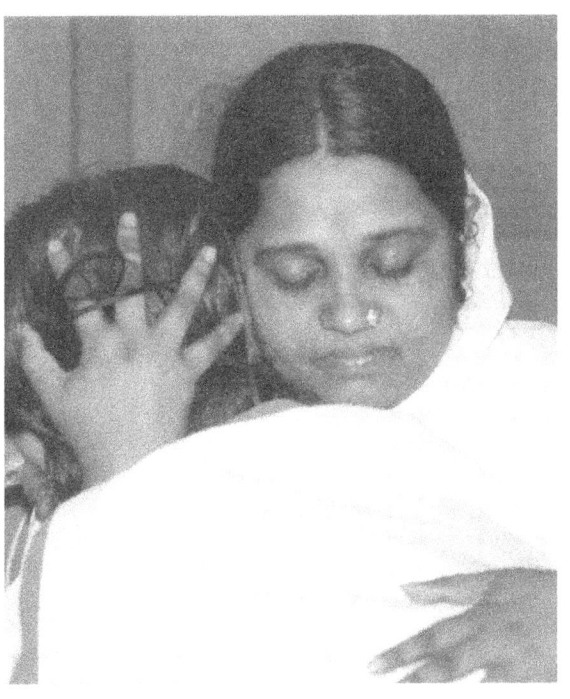

74

Si vous priez Mère avec innocence et foi, elle vous soutiendra, cela est certain. Elle est toujours à vos côtés. En cas de chute, elle vous aidera à vous relever.

75

Efforcez-vous d'être comme un enfant doté d'une foi et d'une patience infinies. Pour atteindre le but, votre foi doit s'inspirer de l'innocence de l'enfance.

76

En grandissant, nous perdons l'enthousiasme et la joie. Notre cœur se dessèche et nous sommes malheureux. Pourquoi ? Parce que nous perdons la foi et l'innocence. En chacun de nous sommeillent la foi, l'innocence et la joie d'un enfant. A nous de les redécouvrir.

77

Jouez comme un enfant. Réveillez cette innocence en vous. Passez du temps en compagnie des enfants. Ils vous apprendront à croire, à rire et à jouer. Les enfants vous aideront à sourire de tout votre cœur et à regarder avec émerveillement. L'amour divin vous rend innocent comme un enfant.

78

Si l'on a la foi et la confiance d'un enfant, tout devient possible. Ce sont l'innocence et la pureté de votre cœur qui vous sauveront.

79

Il se peut que votre développement spirituel se produise très graduellement à cause de vos samskaras (tendances héritées des vies précédentes). C'est un processus lent, qui requiert foi et confiance.

80

L'énergie spirituelle que vous avez acquise en faisant votre sadhana (pratiques spirituelles) demeure en vous. Gardez la foi et l'enthousiasme. Ni vos efforts ni les fruits de vos actions ne peuvent être détruits. Ne perdez jamais espoir.

81

Patience, enthousiasme et optimisme, ces trois qualités devraient être les mantras de notre vie. Ceux qui ont la foi réussissent, voilà ce que l'on observe dans tous les domaines. Ceux qui manquent de foi perdent leurs forces.

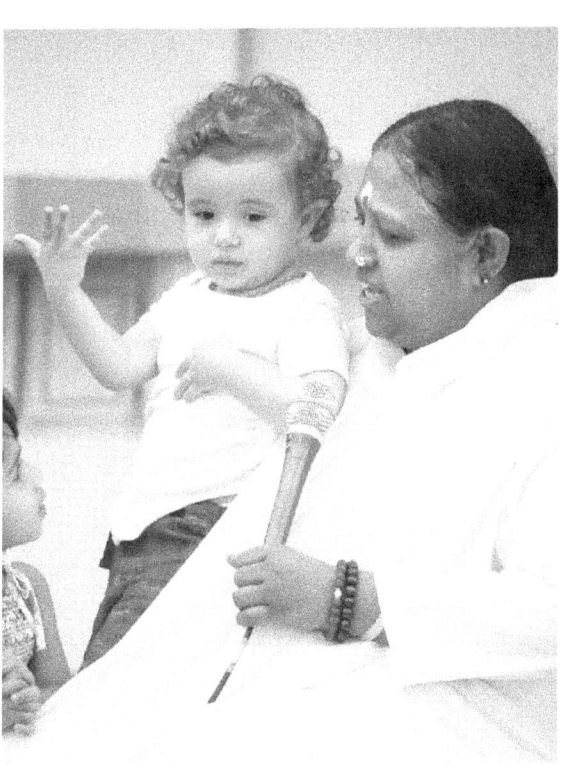

82

Celui qui a foi dans le Pouvoir suprême s'y raccroche quand survient une crise. C'est cette foi qui nous donne la force et l'équilibre nécessaires pour faire face à n'importe quelle situation difficile.

83

Lorsque votre foi en Dieu est réelle, que vous méditez, répétez votre mantra et priez, vous accumulez assez d'énergie pour gérer n'importe quelle situation sans chanceler. Vous êtes capable d'agir en toute conscience, même quand les circonstances sont difficiles.

84

La foi en Dieu vous donne la force mentale d'affronter tous les problèmes. Croire en l'existence de Dieu vous protège. Vous vous sentez en sécurité, à l'abri de toutes les influences négatives du monde.

85

Si vous tentez de fuir votre ombre, vous allez tomber d'épuisement. Faites plutôt face aux difficultés de la vie avec amour et foi. Souvenez-vous que vous n'êtes jamais seul dans ce voyage. La Mère divine est toujours à vos côtés. Permettez-lui de vous tenir la main.

86

Un vrai sadhak (chercheur spirituel) croit plus au présent qu'au futur. Quand nous avons foi en l'instant présent, toute notre énergie se manifeste ici et maintenant. Abandonnez-vous au moment présent.

87

Le passé est une blessure. Si vous la grattez en fouillant dans votre mémoire, la blessure s'infecte. Abstenez-vous de ruminer le passé, sinon elle s'aggravera. Laissez-la plutôt guérir. La guérison n'est possible que grâce à la foi et à l'amour de Dieu.

88

Au lieu de chercher soutien et consolation chez les autres, ayons foi en nous-même. C'est la seule manière de trouver un réconfort et une satisfaction réels.

89

Les gens et les objets auxquels vous êtes attachés vous quitteront un jour. Chaque fois qu'une chose ou qu'une personne disparaît de votre vie, vous risquez d'être submergé par la douleur et la peur. Il en sera ainsi jusqu'à ce que vous vous abandonniez à Dieu et développiez la foi en la nature éternelle de votre véritable Soi.

90

Si vous êtes capables de bouger et d'agir, c'est uniquement par la grâce et le pouvoir du Tout-Puissant. Soyez convaincu que Dieu est votre seul vrai parent et ami. Si vous vous abandonnez à Dieu, Il vous guidera constamment. Ayez foi en Dieu, et plus jamais vous n'hésiterez.

91

Tous vos problèmes viennent du fait que vous n'êtes pas fermement établis dans votre Soi. La Conscience est la source éternelle de puissance. Votre petit monde doit évoluer jusqu'à devenir l'univers tout entier. Au fur et à mesure que votre monde grandit, vous constatez que vos problèmes disparaissent peu à peu.

92

Votre lien le plus fort devrait être celui avec la Mère divine. Confiez-lui tous vos soucis, et cela vous rapprochera d'elle. Face à l'appel d'un cœur innocent, elle ne peut rester silencieuse et indifférente. La foi et l'abandon de soi balaient tous les chagrins.

93

Chacun de nous porte le fardeau de chagrins et de souffrances héritées du passé. Le remède consiste à développer l'amour, la compassion et le respect. Cela guérira toutes nos blessures.

94

La compassion jaillit de la foi et de la conscience du caractère omniprésent de Dieu. Ceux qui manquent de compassion et sont indifférents au bien-être d'autrui n'ont pas la foi.

95

La réceptivité, c'est la capacité de croire, d'avoir la foi et d'accepter l'amour. C'est la faculté d'empêcher le doute de s'infiltrer dans le mental.

96

Le bonheur est une affaire de décision, comme n'importe quelle autre décision. Il s'agit de prendre une résolution ferme : « Quoi qu'il arrive, je serai heureux. Sachant que Dieu est avec moi, je ferai preuve de courage. » Gardez confiance en votre Soi et allez de l'avant.

97

Mon enfant, ne perds jamais courage. Ne perds jamais ta foi en Dieu ou en la vie. Sois toujours optimiste quelle que soit la situation dans laquelle tu te trouves. Tout est possible quand on est armé de foi et de courage.

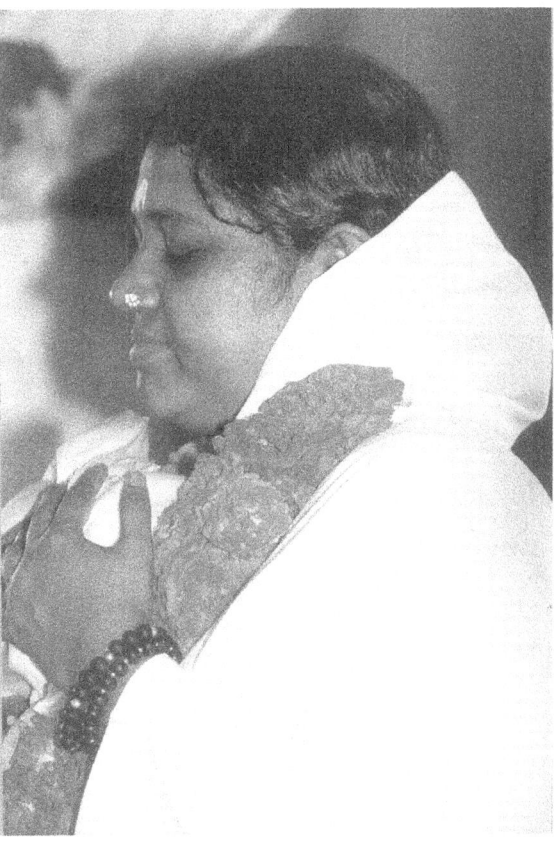

98

Comme la fleur gorgée de nectar dans la fraîcheur du petit matin, laisse la bonté te remplir. Quand tu t'ouvriras, tu découvriras que le soleil n'a jamais cessé de briller ni la brise de souffler, apportant le doux parfum du Divin. Aucune condition n'est exigée, aucune pression exercée. Autorise simplement la porte de ton cœur à s'ouvrir ; elle n'a jamais été close.

99

L'éducation et la discipline données pendant la jeunesse créent une forte impression dans le mental et jouent un rôle prépondérant dans la formation du caractère. Les parents ont le devoir non seulement de nourrir leurs enfants et de satisfaire leurs désirs, mais aussi de leur enseigner la discipline, de leur insuffler la foi en Dieu et de leur transmettre des valeurs et une culture du cœur.

100

Un être humain dont la foi est réelle ne peut nuire à la Nature. Une foi authentique nous montre que la nature est divine et qu'elle n'est pas séparée de notre propre Soi.

101

Avancez avec foi. Qui a une foi absolue ne déviera jamais du chemin.

102

Celui qui a vraiment la foi est stable. Une personne qui vit sa religion de façon authentique trouve la paix. La source de cette paix, c'est le cœur, pas la tête. Une croyance obtenue parce qu'on l'a proclamée, entendue ou lue, ne dure pas bien longtemps. En revanche, la foi née de l'expérience est éternelle.

103

En présence de l'amour, il n'y a pas d'effort. Abandonnez tous vos regrets au sujet du passé et détendez-vous. La relaxation vous apporte plus de force et de vitalité. C'est une technique qui permet d'avoir un aperçu de sa véritable nature, un aperçu de la source infinie de notre existence. C'est l'art de rendre le mental calme et tranquille. Une fois que vous maîtrisez cet art, tout arrive spontanément et sans effort.

104

Toute action donne des fruits. Le fruit, c'est le futur, mais ne vous en souciez pas. Attendez patiemment, en restant dans le présent, en agissant avec concentration et amour. Si vous réussissez à vivre le moment présent en conscience, il s'ensuivra forcément de bons résultats. Quand vous agissez avec zèle et de tout votre cœur, vos actions donnent de bons fruits. Si au contraire vous vous souciez des fruits, vous ne pouvez pas fournir les efforts requis ni obtenir les résultats que vous espériez.

105

Lorsque vous considérez la vie et tout ce qu'elle apporte comme un cadeau précieux, vous dites « oui » à tout. « Oui », c'est l'acceptation. Quand vous acceptez, la rivière de la vie vous porte constamment. L'amour coule, simplement. Celui qui est prêt à plonger dans la rivière de l'amour est accepté tel qu'il est.

106

Ayez foi, mes enfants. Il est inutile d'avoir peur. Sachez que Mère est toujours avec vous.

107

Une forte détermination et une foi inébranlable sont les deux facteurs indispensables pour réussir quoi que ce soit. Faites totalement confiance au Tout-Puissant. La foi fait des miracles.

108

Allumez en vous la flamme de l'amour et de la foi. Si, à chaque pas, vous entretenez de bonnes pensées et gardez le sourire, toute la bonté du monde viendra remplir votre être. Alors il sera impossible à Dieu de rester loin de vous. Le Divin vous prendra dans ses bras.

www.ingramcontent.com/pod-product-compliance
Lightning Source LLC
Chambersburg PA
CBHW061955070426
42450CB00011BA/3044